Hans Trenkwalder

Das kleine
Honig-Buch

Hans Trenkwalder

Das kleine Honig-Buch

EDITION LÖWENZAHN
INNSBRUCK

Die Deutsche Bibliothek - CIP-Einheitsaufnahme

Trenkwalder, Hans:
Das kleine Honig-Buch. / Hans Trenkwalder. - Innsbruck : Ed. Löwenzahn, 1997

ISBN 3-7066-2132-0

© 1997 by Edition Löwenzahn Ges.m.b.H., Andreas-Hofer-Straße 38, A-6010 Innsbruck

Bildnachweis:
Ing. Hans Trenkwalder: Seite 25, 33, 37, 41, 53
Winfried Dareb/Klagenfurt: Seite 29, 45, 57, 60/61
GUSTO/Barci: Umschlagbild und Seite 65
Klaus Nowottnick: Seite 17, 21
Wolfgang Groß: Seite 69
Gerhard Oberdacher/Fügen: Seite 49

Alle Rechte vorbehalten. Kein Teil des Werkes darf in irgendeiner Form (Druck, Fotokopie, Mikrofilm oder in einem anderen Verfahren) ohne schriftliche Genehmigung des Verlages reproduziert oder unter Verwendung elektronischer Systeme verarbeitet, vervielfältigt oder verbreitet werden.

Gedruckt auf umweltfreundlichem, chlor- und säurefrei gebleichtem Papier.

Inhaltsverzeichnis

Vorwort 7

*Kleine Bienenkunde –
„Das Wunder Biene"* 8

Kleines Honig-ABC 10

*Die Inhaltsstoffe
des Honigs* 12

*Honig bei der
Laboruntersuchung* 19

Fragen der Honigkunden 22

Sonstige Bienenprodukte . 26

Rezepte mit Honig 35

*Alkoholische Getränke
mit Honig* 35
Met 35
Met mit Tee und
Gewürzen 36
Blütenmet 38
Honigsekt 39
Honiglikör aus
Apfelschnaps 39
Honiglikörchen 40
Honiggrog 40
Gewürzpunsch 42
Beerenwein 42
Milch-Honig-Cocktail 43

Früchte-Bowle 43
Tee mit Honig 44

Milch mit Honig 47
Milchkakao 47
Bananenmilch 47
Honigmilch mit Nüssen 47
Marillen- oder
Pfirsichmilch 47
Früchte-Sauermilch 48
Karottenjoghurt 48
Erdbeertrunk 48
Eierlikör (ohne Alkohol) 48

*Frucht- und
Gemüsesäfte mit Honig* ... 50
Fruchtsaft 50
Mischsaft 50
Karottensaft 51
Selleriesaft 51
Brennesselsaft 51
Rote-Rüben-Saft 51
Tomatensaft (Paradeissaft) 51
Rotkrautsaft 51
Bergsteiger-Trunk 52
Orangen-Mixgetränk 52
Faschings-Kater-Trunk 52

Hauptspeisen
Honigsteak 54
Pfeffersteak 55
Forellen mit Honig 55
Karpfen mit Honig 56

Schweinebraten 58
Rippchen vom Grill 58
Rindsgulasch mit Pilzen
und Honig 59
Tafelspitz mit Obers 62
Gegrilltes Hühnchen 63
Gulasch vom Wild 64
Ochsenschwanzsuppe
mit Tomaten 66

Beilagen
Honigsauce für Salate 67
Honig-Zitronen-Butter 67

Desserts
Honig-Joghurt 68
Schnelles Dessert für
Honig-Fans 68
Honig-Äpfel Chinesisch 70
Honig-Bananen
überbacken 71
Honigmelone gefüllt 72

Honig-Birnen 73
Schoko-Karamellen
mit Honig 73
Topfencreme 74
Eis mit Honig 74
Honigbonbons 75

Gebäck
Feiner Lebkuchen 76
Honig-Lebkuchen 76
Lebzelten 77
Hauspfefferkuchen 77
Honigkeks 78
Honig-Springerln 78
Feine Leckerli 79
Honig-Nußkuchen 80
Bienenstich 81
Dänischer Honigkuchen 82
Honigbusserln 83
Pumpernickel 84
Aprikosenmandelbiß 84

Vorwort

Mit meinen sechs Geschwistern wuchs ich in einer Imkerfamilie heran, und so ist es nicht verwunderlich, daß ich mich schon von Jugend an für Bienen und Honig interessierte. Dazu kam, daß meine Mutter den eigenen Honig bei der Zubereitung von Speisen vielseitig verwendete und der Überzeugung war, daß wir durch den Honig kräftig und gesund, auch mit gesunden Zähnen, heranwachsen könnten. Bald baute ich mir einen eigenen Bienenstand und nützte jede Gelegenheit, um Kurse und Schulungen zu besuchen. Ich absolvierte auch den Kurs und die Prüfung zum Imker-Wanderlehrer und konnte dann meine Kenntnisse neben meinem Beruf als Geschäftsführer des Lagerhauses Landeck an interessierte Personen weitergeben. Als ich erfuhr, daß in unserem Honig bereits über 180 verschiedene Bestandteile nachgewiesen wurden, beschäftigte ich mich im besonderen mit diesem Produkt, was mir die Leitung der Tiroler Imkergenossenschaft in Innsbruck und die Präsidentschaft des Landesverbandes für Bienenzucht in Tirol „bescherte". Nun hatte ich einerseits mit den Imkern als Honigerzeuger und andererseits mit den Honigkunden zu tun. Dieses kleine Büchlein soll nun auf die vielen Fragen der Honigkunden Antwort geben. Auch Honigrezepte, die mir von Imkerinnen und Kunden zur Verfügung gestellt wurden und die so zahlreich in der „Alpenländischen Bienenzeitung" erschienen sind, sollen dieses Büchlein bereichern.
Ich hoffe, daß es an viele Honigkunden verteilt wird und daß sie Freude damit haben.

Ing. Hans Trenkwalder,
Landeck im Frühjahr 1997

Kleine Bienenkunde – *"Das Wunder Biene"*

Unsere Honigbienen zählen zu den staatenbildenden Insekten. Das heißt, 20.000 bis 50.000 Arbeiterinnen leben mit einer Königin und mit ca. 300 Drohnen in einem Bienenvolk zusammen, sind voneinander abhängig und können für sich allein als Einzelwesen nicht existieren.

Die Arbeiterinnen widmen ihre ganze Kraft der Arbeit und erzeugen in den ersten Lebenswochen in ihrem Körper Drüsensekrete, mit denen sie die Bienenbrut versorgen, aber auch den von den Flugbienen eingebrachten Nektar in haltbaren Honig umwandeln. Die Schlund- und Kopfdrüsen der Arbeiterinnen erzeugen auch den Königinnenfuttersaft, (auch „Gelee royale" genannt) der der Königin besondere Leistung und Lebenskraft verleiht und deren Lebensdauer auf das 100 bis 150fache verlängert. Bienen produzieren aber auch Wachs. Daraus bauen sie Waben mit vielen sechseckigen Zellen, die zur Lagerung von Honig und Pollen, aber auch zur Aufzucht der Brut dienen. Von bestimmten Baumknospen sammeln Bienen das Kittharz (auch Propolis genannt); es dient als Schutz-, Isolations- und Reparaturmaterial im Bienenvolk.

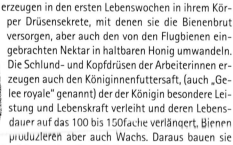

Die Königin ist größer als eine Arbeiterin und hat ihre biologische Aufgabe in der Fortpflanzung. Sie legt pro Tag bis zu 2000 Eier, wobei aus befruchteten Eiern weibliche Wesen (Arbeiterinnen oder Königin) und aus unbefruchteten Eiern Drohnen entstehen.

Auch Drohnen sind größer und dicker als Arbeiterinnen. Als biologische Aufgabe ist nur die Befruchtung der Jungköniginnen bekannt. Drohnen werden nur im Frühjahr und Sommer im Bienenvolk geduldet. Im Herbst werden sie als unnötige Honigfresser aus dem Stock vertrieben oder abgestochen.

Bienen im Dienste der Umwelt

In der Natur haben unsere Honigbienen die Aufgabe, den Blütenstaub von einer Blüte auf die Blütennarbe anderer Blüten zu übertragen. Beim Blütenbesuch bleiben Pollenkörner am Haarkleid der Bienen hängen und werden so zum klebrigen Stempel der nächsten Blüte übertragen. Damit wird die Befruchtung der Pflanzen vollzogen, und es können sich Früchte und Samen bilden, die den Fortbestand der Pflanzenvielfalt sichern. Bienen vollziehen damit nicht nur eine wichtige Aufgabe bei den Wildpflanzen sondern auch bei den Nutzpflanzen. Obstbäume, Beerensträucher, Ölsaaten, Gemüsekulturen usw. sind zum überwiegenden Teil auf Bienenbestäubung angewiesen, und die Natur hat der Biene große Vorzüge eingeräumt: Bienen überwintern im Gegensatz zu anderen Insekten (Hummeln, Wespen, Solidärbienen usw.) als Volk, und es stehen im zeitigen Frühjahr pro Bienenvolk schon einige 1000 Arbeitsbienen zur Verfügung. Honigbienen sind blütenstetig, das heißt, daß sie bei einem Ausflug nur Blüten der gleichen Art besuchen. Bienen sind auch ortsfest, das heißt, sie kommen oft an den Ort zurück, wo sie Nektar und Pollen gefunden haben. Bienen können sich eine Trachtquelle nicht nur genau merken, sondern sie sind in der Lage, diese auch ihren Schwestern genau mitzuteilen. Diese Eigenschaften bevorzugen unsere Bienen bei ihrer Bestäubungstätigkeit, und sie leisten damit gerade in der heutigen Zeit der Umweltbelastung und -zerstörung einen ganz wichtigen Erhaltungsbeitrag!

Kleines Honig-ABC

Den Rohstoff für den Honig sammeln die Bienen von den verschiedensten Pflanzen in der Natur. Von den Blüten den *Nektar* und von Bäumen und Sträuchern (Nadel- und Laubgehölze) den *Honigtau*. Sammelbienen bringen Nektar und Honigtau in das Bienenvolk, dort werden diese Zuckerlösungen von den Jungbienen eingedickt und mit Hilfe ihrer Körperdrüsen mit Fermenten, Inhibinen und Säuren angereichert und so haltbar gemacht. Je nach Herkunft des Nektars schwankt Honig sehr im Aussehen, Geschmack und Geruch. Stammt der überwiegende Teil des Nektars von Blüten, ist der Honig goldgelb oder weißgelb bis leicht braun, spricht man von *Blütenhonig;* wurde von Nadel- oder Laubgehölzen Honigtau eingetragen, so ist der Honig braun bis dunkelbraun, man spricht von *Waldhonig*.

Besonders in den Gebirgsgegenden, in denen Wald und Wiese nahe nebeneinander liegen, bilden sich von Natur aus Blüten- und Wald-Mischhonige. Gerade diese zeichnen sich durch ein überaus angenehmes Bukett an Geschmack und Geruch aus.

Honig ist also ein Naturprodukt und ein hoch qualifiziertes Lebensmittel, das im Österreichischen Lebensmittelgesetz (Spezialkapitel B3) wie folgt beschrieben wird:

„Unter Honig versteht man ausschließlich den von Honigbienen aus den Nektarien der Blüten oder Absonderungen anderer Pflanzenteile gesammelten süßen Stoff, der von den Bienen verarbeitet, durch arteigene Stoffe bereichert und in den Waben aufgespeichert wurde".

Bekannte heimische Honigsorten

Blütenhonige

Beim Eintragen von Nektar aus Wiesenblumen, Obstbäumen, Gemüse- und sonstigen Kulturpflanzen, aber auch von blühenden Bäumen und Sträuchern nimmt die Biene auch Blütenpollen mit, die aus hochwertigem Eiweiß bestehen, und mischt Pollenkörner in den Nektar, sodaß daraus ein wertvolles Nahrungsmittel entsteht. Betrachten wir den Honig unter dem Mikroskop, so sind von manchen Blüten viele Pollen vorhanden, der Laborant spricht von *Leitpollen*. Sind andere Pollen nur in geringem Ausmaß vorhanden, so nennt man diese *Begleitpollen*. Die Pollenkörner verleihen dem Honig oft den typischen Geschmack und Geruch, wonach verschiedene Honigsorten unterschieden werden:
Obstblütenhonig, Löwenzahnhonig, Rapshonig, Wiesenblütenhonig, Kleehonig, Himbeerhonig, Alpenrosenhonig, Hochgebirgshonig, Edelkastanienhonig, Lindenblütenhonig, Robinienhonig usw.

Waldhonige

Von den Bienen wird der Honigtau an Nadel- und Blattgehölzen gesammelt, und es entsteht ein brauner, von Fichten ein rötlichbrauner, von Tannen oft ein grünlich schimmernder, ja manchmal fast schwarzer Honig, der durch seinen hohen Anteil an Malzzucker (Maltose) oft längere Zeit nicht kandiert (bis zu einem halben Jahr). Auch beim Waldhonig unterscheiden wir je nach Herkunft des Honigtaues und Geschmackes verschiedene Honigsorten: *Tannenhonig, Fichtenhonig, Eichenhonig usw.*

Inhaltsstoffe des Honigs

Die Inhaltsstoffe des Honigs
Der Honigfächer

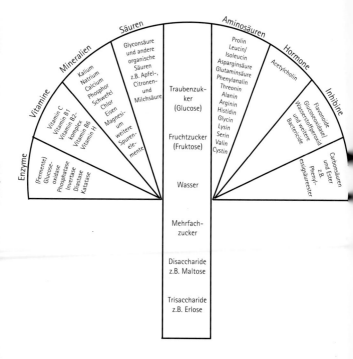

Aus dem Honigfächer geht deutlich hervor, daß Honig ein aus vielen Bauteilen zusammengesetztes Nahrungsmittel ist und sich von unserem Haushaltszucker, der fast nur aus Rübenzucker (Saccharosezucker) besteht, unterscheidet.

Inhaltsstoffe des Honigs

1. Wasser

Den Anteil des Wassers im Honig bemerkt man am besten daran, wie schnell er beim Aufstreichen von einem Brot rinnt. Der Wassergehalt im Honig schwankt zwischen 13% und 21%. Im Europacodex ist ein Wassergehalt bis 21% erlaubt. Die Imkerorganisationen in Österreich, in Deutschland und in der Schweiz haben für Qualitätshonig eine Obergrenze an Wassergehalt mit 18% festgelegt. Bei der Tiroler Imkergenossenschaft besteht sogar ein Beschluß, daß kein Honig mit mehr als 17% Wassergehalt angeliefert werden darf.

Da die Jungbienen im Bienenvolk den eingetragenen Nektar eindicken und umarbeiten, hat der Imker darauf zu achten, daß zur Trachtzeit sehr viele Jungbienen im Volk sind, daß er ihnen genügend Zeit zur Umarbeitung läßt und daß er nur reifen (verdeckelten) Honig schleudert. Der Wassergehalt im Honig ist also sowohl von der Natur, als auch vom imkerlichen Können abhängig.

2. Zuckerverbindungen

Qualitätshonig kann bis zu 30 verschiedene Zuckerverbindungen enthalten. Bienen erzeugen mit ihren Körperdrüsen Fermente, welche in der Lage sind, Mehrfachzucker in Einfachzucker umzuwandeln. Deshalb schwanken die einzelnen Zuckeranteile von Honig zu Honig mit folgenden Werten:

- 28-34% Traubenzucker (Glucose)
- 20-38% Fruchtzucker (Fructose)
- 3-12% Mehrfachzuckerverbindungen wie Malzzucker (Maltose), Rohrzucker (Saccharose), Isomaltose, Erlose, Kestose, Melezitose usw.

Da die Fermente im Honiggefäß weiter wirken und die einzelnen Zuckerverbindungen Kristalle bilden, wird der Honig bei einer Lagerung bei Plustemperaturen fest. Dieses Festwerden wird als *„kandieren"* bezeichnet.

Honige mit hohem Traubenzuckeranteil werden sehr rasch fest,

während Honige mit mehr Malzzuckeranteil langsam kandieren (oft erst nach einem halben Jahr).
Frau R. Frank (Dipl.Oecotrophologin) aus Roseburg in Deutschland schreibt in ihren Aussendungen, daß sich die Zuckerverbindungen im Honig mit vom menschlichen Körper rasch aufnehmbarem Traubenzucker und insulinabhängigem Fruchtzucker und Mehrfachzucker in einem äußerst günstigen Verhältnis befinden und damit eine kurz- und langfristige Energieversorgung im menschlichen Körper gewährleistet ist.

3. Fermente und Inhibine

Fermente sind Stoffe, die im Körper in kleinsten Mengen chemische Reaktionen einleiten, also wichtige Aufgaben erfüllen. Im Honig konnten bis heute 12 verschiedene Fermente nachgewiesen werden, dabei sind die Invertase, die Diastase und die Glukoseoxidase die bedeutendsten.

Die *Invertase* spaltet Saccharose in Fructose und Glucose, die *Diastase* spaltet Stärke in Zuckerverbindungen, und die *Glucoseoxydase* baut Glucose in Gluconsäure ab, wodurch der Honig schwach sauer wird. Der dabei freiwerdende Sauerstoff (aus Wasserstoffperoxyd) und die Gluconsäure sind in der Lage, Bakterien und Hefen in ihrer Entwicklung zu hemmen oder abzutöten. Diese Eigenschaften des Honigs lassen sich im Labor leicht überprüfen, denn schon in einer 17%igen Honiglösung (frischer, nicht erhitzter Honig!) haben selbst die aggressivsten Vertreter wie Staphylococcus aureus, die sonst kohlenhydrat- und eiweißreiche Lebensmittel befallen und schwere Brechdurchfälle hervorrufen, keine Entwicklungsmöglichkeit.

Die alten Hausmittel Milch mit Honig oder Tee mit Honig haben also ihre Berechtigung!

Stoffe, die Bakterien, Bazillen, Pilze usw. in ihrer Entwicklung hemmen oder sogar abtöten, nennt man „*Inhibine*". Inhibine helfen den Bienen, einerseits den Honig haltbar zu machen (dieser süße Stoff würde sonst gären) und andererseits das

Inhaltsstoffe des Honigs

Bienenvolk vor bakteriellen Parasiten und Krankheiten zu schützen. Waldhonige enthalten mehr Inhibine als Blütenhonige.

Fermente und Inhibine sind aber licht- und wärmeempfindlich. Sowohl der Imker als auch der Honigkunde müssen den Honig schonend behandeln, denn schon ab 45°C leidet die Invertase, und beim längeren Erhitzen oder bei Temperaturen über 70°C werden Fermente und Inhibine unwirksam. Honigkauf ist daher Vertrauenssache! Wenn ein Honig stark überhitzt wurde, so kandiert er nicht mehr, was ein sicheres Qualitätskriterium darstellt.

4. Mineralstoffe und Spurenelemente

Waldhonige und Blütenhonige unterscheiden sich sehr stark in ihrem Mineralstoffgehalt. Das merkt man sofort am spezifischen Gewicht des Honigs. Dunkle Honige sind immer schwerer als helle, sie enthalten mehr Mineralstoffe. Dabei hat der Blütenhonig nach einer Tabelle von Lendrich mehr Natrium, Calcium und Magnesium, während der Waldhonig mehr Kalium aufweist. Mineralstoffe, die der Mensch fast täglich in Grammengen benötigt, wie Natrium, Kalium, Calcium, Magnesium, Chloride und Phosphate, finden wir alle im Honig, aber auch die sogenannten Spurenelemente (der Mensch braucht davon nur geringe Mengen = Spuren) wie Eisen, Kupfer, Mangan, Kobalt, Jod, Fluor, Chrom, Silicium, Zink usw. sind im Honig vorhanden.

Mineralstoffe und Spurenelemente sind für das Funktionieren des Stoffwechsels im menschlichen Körper verantwortlich. So regelt Natrium den Wasserhaushalt und die Säurebildung im Magen, Kalium die Tätigkeit von Muskeln und Nerven, Magnesium die Nervenfunktion und den Blutdruck, Eisen und Kupfer den Aufbau des Blutfarbstoffes und der Blutkörperchen usw.

5. Vitamine

Da Honig wenig Fett enthält, sind auch die fettlöslichen Vitamine kaum vorhanden. Wohl sind die wasserlöslichen Vitamine C, B1, B2, B6 in geringen Mengen vorhanden, man kann aber den Honig nicht als Vitaminquelle bezeichnen.

Allerdings wirken Vitamine in Verbindung mit Spurenelementen oft besonders wertvoll. Frau R. Frank schreibt, daß Vitamin C das im Honig vorhandene Eisen in eine gut verwertbare Form überführt, oder daß das Zusammentreffen von Mangan mit Vitamin B1 dessen Wirkung wesentlich verbessert usw.

6. Säuren

Im Honig findet man zahlreiche organische Säuren, die zum Teil von den Pflanzen, aber überwiegend aus den Speicheldrüsen der Bienen stammen. Auch bei der fermentativen Zuckerumwandlung entstehen Säuren. So finden wir im Honig Gluconsäure, Apfelsäure, Zitronensäure, Essigsäure, Ameisensäure, Buttersäure usw.

Die einzelnen Honigsorten erhalten durch Säuren ihren typischen Geschmack, und die im Honig vorhandenen Säuren sind appetitanregend und verdauungsfördernd.

7. Blütenpollen/Aminosäuren

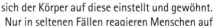

Naturbelassener Honig enthält auch einen geringen Anteil an Pollen. Meist reichen die vorhandenen Pollenkörner aus, daß sich der Körper auf diese einstellt und gewöhnt. Nur in seltenen Fällen reagieren Menschen auf Pollen allergisch. Es ist daher vorteilhaft, den Honig aus seinem unmittelbaren Lebensbereich zu besorgen und zu verzehren. Pollenallergikern wird daher oftmals der tägliche Genuß von 1-2 Teelöffeln Honig empfohlen. Den *Pollen* wird nachgesagt, daß sie das Immunsystem fördern und die Durchblutung der Dünndarmschleimhaut anregen. Dabei darf der Honig nicht erhitzt und filtriert sein. Leider wird in manchen Erzeugerländern der Honig gefiltert, wodurch er mangels an Kristallen

ene auf Alpenrose

und Pollen immer flüssig bleibt. Damit entzieht man ihm sehr wertvolle Eiweißstoffe, und es fehlen die positiv wirkenden Stoffe.

Aminosäuren sind die Bausteine der Eiweißkörper. Alle Aminosäuren, die der Körper nicht selbst aufbauen kann, finden wir im Pollen der verschiedenen Pflanzen. Doch ist der Honig und besonders der Waldhonig nicht sehr reich an Pollen und die Zufuhr von Aminosäuren über den Honiggenuß unbedeutend, sodaß man nur von einer kleinen Ergänzung sprechen kann.

8. Hormone

Unser Körper hat ein animalisches Nervensystem – es leitet Reize vom Körper zum Hirn und umgekehrt und es unterliegt unserem Willen – und ein vegetatives Nervensystem – es ist unabhängig von unserem Willen und steuert Herz, Magen, Darm, Nieren, Leber, Drüsen usw. Die Steuerung erfolgt über einzelne Nervenzellen, die über eine Hormonflüssigkeit, das Acetylcholin, miteinander in Verbindung stehen. Der Herzspezialist Dr. Koch aus Nauheim hat auch im Herzmuskel verstärkt das Acetylcholin gefunden, wo es die Energiezufuhr gemeinsam mit dem unentbehrlichen Kalium regelt. Interessant ist, daß man dieses Hormon im naturbelassenen Honig findet. Es wird damit der Spruch aus dem Volksmund bestätigt: „Honig ist Hafer für das Herz!" Ähnlich ist es mit dem im Honig vorhandenen Cholin: es stärkt die Leber- und Bauchspeicheldrüsenfunktion. Aus Gründen der Verständlichkeit habe ich hier nur die zwei bekanntesten Hormone aufgezeigt.

9. Duftstoffe und Aromastoffe

Die Gaschromatographie hat es ermöglicht, daß in unseren mitteleuropäischen Honigen bereits mehr als 50 verschiedene Aromastoffe gefunden wurden. Sie verleihen dem Honig Duft und Geschmack. Es handelt sich dabei um natürliche, ätherische Öle, die Luftwege erweitern, entkrampfen und bei

Honig bei der Laboruntersuchung

Katarrhen und vielen anderen Beschwerden eingesetzt werden.

Honig bei der Laboruntersuchung

Eingangs habe ich erwähnt, daß man im Honig bei chemischen Untersuchungen bereits mehr als 180 Bestandteile festgestellt hat. Ich möchte hier nur die allgemein üblichen und von den Untersuchungsstellen und Lebensmittelprüfstellen praktizierten Untersuchungen aufzählen, die sich in erster Linie mit der Honigqualität befassen.

1. Der Wassergehalt:

Der Wassergehalt wird mittels Refraktometer oder im Laboratorium durch Abwiegen und anschließendes Verkochen des Wassers bis zur Trockenmasse bestimmt. Nach dem Eurokodex und den damit verbundenen Honigverordnungen darf der Wassergehalt bis 21% betragen. Die Honigqualitätsordnung des Österreichischen Imkerbundes erlaubt einen Wassergehalt von maximal 18,3% nach der Untersuchungsmethode von Chataway/Wedmore, um das Gütesiegel zu erhalten.

2. Invertaseaktivität:

Fermente sind sehr wertvolle Honigbestandteile, welche durch schlechte Lagerung, Erhitzen, Lichteinwirkung usw. leicht geschädigt oder gar vernichtet werden können. Man untersucht daher im Labor, wie weit das Ferment Invertase in der Lage ist, Zucker aufzuspalten. Liegen die Werte nach Siegenthaler unter 30 Einheiten, hat der Honig praktisch keine Fermentwirkung. Von 30 bis 90 Einheiten handelt es sich um eine unterdurchschnittliche Qualität und von 90 bis 200 Einheiten um einen frischen und sehr aktiven guten Honig. (Nach Gotarski handelt es sich unter 10 Einheiten um eine schlechte Qualität).

3. HMF Wert (Hydroxymethylfurfural):

Auch die Untersuchung nach dem HMF Wert will die Fermentaktivität feststellen. Wenn sich Fermente abbauen, bildet sich HMF = Hydroxymethylfurfural. Dieser Stoff kann durch Beigabe von Barbitursäure in eine Honiglösung und dadurch auftretende Rotfärbung gemessen werden. Nach dem Eurokodex darf der Honig höchstens 40 mg/kg HMF haben. Ab 10 bis 15 mg/kg Honig spricht man bereits von einer leichten bis mittleren Fermentschädigung.

4. Diastaseindex:

Auch der Diastaseindex trifft eine Aussage über die Fermentaktivitäten. Nach der Skala von Schade hat Honig unter 8 Einheiten fast keine Fermentaktivitäten.

5. Elektrische Leitfähigkeit:

Sie trifft eine Aussage über den Gehalt an Mineralstoffen im Honig. Je mehr gelöste Mineralstoffe im Honig sind, desto höher ist die elektrische Leitfähigkeit. Naturgemäß enthält der Waldhonig mehr Mineralsalze als Blütenhonig.
Von 100 bis 400 µScm spricht man von Blütenhonig, von 400 bis 800 µScm ist der Honig gemischt Blüte und Wald und über 800 handelt es sich um einen Waldhonig (oft auch als Honigtauhonig bezeichnet).

6. pH-Wert:

Er trifft die Aussage über den Säuregrad im Honig. Der pH-Wert von Blütenhonig liegt bei 3,6 bis 4,5 und von Waldhonig von 4 bis 5,4.

7. Saccharose-Gehalt:

Der Saccharose-Gehalt ist der Anteil an Rohrzucker im Honig. Dies ist ein sehr wichtiges Qualitätsmerkmal, weil der Imker dem Bienenvolk den Honig nimmt und diesem dann zur Überwinterung oder auch zur Überbrückung von Trachtlücken Haushaltszucker verabreicht. Der Imker muß dabei sehr sorg-

Biene auf Lindenblüte

sam umgehen, damit kein Haushaltszucker in den Honig gelangt. Der tatsächliche Saccharosegehalt darf daher höchstens 5% betragen. Da Waldhonige, Hochgebirgshonige und Akazienhonige von Natur aus etwas höhere Saccharosewerte besitzen, darf dabei der Saccharosewert bis 10% betragen. Für die Untersuchung auf scheinbare Saccharose gelten die gleichen Werte, obwohl diese Untersuchung nicht so genau ist, da sie z.B. auch die wertvollen Mehrfachzucker Maltose, Isomaltose usw. als Saccharose anzeigt.

Fragen der Honigkunden

Was ist bei der Lagerung von Honig zu beachten?

Honig soll in geschlossenen Gefäßen (Gläser oder Goldlackkannen), trocken, bei annähernd gleichbleibender kühler Temperatur, dunkel in einem geruchfreien Raum gelagert werden. Honig zieht Luftfeuchtigkeit und Gerüche an und verdirbt dabei.

Gut bewährt hat sich auch die Lagerung in einer Tiefkühltruhe, dadurch bleibt der Honig über lange Zeit flüssig. Bei dieser Lagerung bleiben die wertvollen Wirkstoffe im Honig über mehrere Jahre erhalten.

Warum kandiert Honig?

Das Festwerden des Honigs, auch Kandieren genannt, ist eine bekannte Veränderung des Honigs. Der vorhandene Zucker, besonders der Traubenzucker, bildet Kristalle und bewirkt, daß der Honig fest wird. Bei hohem Traubenzuckeranteil wird der Honig oft schon innerhalb eines Monats fest. Das Kandieren ist ein Zeichen, daß es sich um einen echten, nicht erhitzten Honig handelt.

Was ist Cremehonig?

Wird Honig beim Festwerden täglich gerührt, bis dieser richtig cremig ist, so bleibt er in dieser Form. Will man den Vorgang des Cremigwerdens beschleunigen, so rührt man bereits kristallisierten Honig in die Honigmasse. Um vorhandene Glucosekristalle bilden sich Kristallverbände und beschleunigen den Umwandlungsprozeß. Cremehonig läßt sich am Brot gut verstreichen und tropft nicht. Er wird deshalb von den Kindern besonders gerne gegessen.

Wodurch unterscheiden sich helle und dunkle Honige?

Beim hellen Honig handelt es sich fast immer um einen Blütenhonig, das heißt, der Nektar kommt von Blüten, beim dunklen Honig handelt es sich um einen Waldhonig; dabei kommt der Honigtau aus dem Saft der Honigtauerzeuger auf den jungen Trieben der Bäume. Blütenhonige sind reicher an Pollenkörnern und damit an hochwertigen Eiweißstoffen (Aminosäuren). Im Waldhonig findet man wenig Pollenkörner, dafür enthält er wertvolle Mineralstoffe, die ihm ein höheres spezifisches Gewicht verleihen.

Wie kann fester Honig wieder flüssig gemacht werden?

Man stellt dabei das Honiggefäß in ein Wasserbad, erhitzt dieses auf 45°C und läßt diese Temperatur so lange einwirken, bis der Honig wieder flüssig ist. Gut ist, ein Stück Holzbrett unter das Gefäß zu schieben, damit die Temperatur gleichmäßig auf den Honig einwirkt. Für den Imker gibt es im Handel Honigauftauschränke, die mit Thermostat und Gebläse ausgerüstet sind. Auch spiralenartig angeordnete Heizstäbe (System Melitherm), die auf Honiggefäße mit kandiertem Honig aufgesetzt werden und sich langsam in den Honig hineinschmelzen, haben sich gut bewährt und schonen die wertvollen Wirkstoffe im Honig.

Honigkonsum und Diabetes?

Renate Frank schreibt in ihrer Broschüre „Die Bedeutung des Honigs in der heutigen Ernährung" folgendes:
Die in Europa übliche Furcht vor Honig bei Diabetes mellitus

Typ II (Erwachsenendiabetes) scheint neueren amerikanischen Untersuchungen zufolge unbegründet. Die Wirkung des Honiggenusses muß der Diabetiker jedoch sehr vorsichtig unter ärztlicher Aufsicht ausprobieren.

Weiters weist die Autorin auf den verhältnismäßig hohen Gehalt an Chrom im Honig hin, der vielen anderen Lebensmitteln fehlt, und stellt fest, daß bei erwachsenen Diabetikern die Insulineinstellung durch zusätzliche Chromgaben verbessert werden konnte. Das im Honig gefundene Chrom bezeichnet sie als „Glucose Toleranzfaktor", das dafür sorgt, daß das Insulin an der Zelle seine volle Wirksamkeit entfalten kann. Es sei hier erwähnt, daß dunkle Honige mehr Chrom enthalten als helle.

Honig kalt geschleudert?

Die Information, daß es Imkereien gibt, die den Honig unter Wärmeeinwirkung schleudern, auspressen oder filtrieren und damit die wertvollen Wirkstoffe im Honig zerstören, hat viele Honigkunden verunsichert. Ich kann aber beruhigen, denn in all den Jahren meiner Tätigkeit in der Imkerorganisation konnte ich eine einzige Großimkerei im Ausland besuchen, die über solche Einrichtungen verfügte. Unsere Durchschnittsimker mit 20, 50 oder 100 Bienenvölker achten darauf, daß der Honig vollwertig bleibt, und leisten sich keine solchen Wärmeanlagen.

Leider wird oftmals vom Handel der Honig so erwärmt oder filtriert, daß er nicht mehr kandiert und im Glas schön flüssig und klar bleibt. Hier sollte Information und Aufklärung sowohl vom Imker und seiner Organisation als auch von seiten der Konsumenten erfolgen, denn unser Honig sollte seinem guten Ruf „Honig mit der Heilkraft der Natur" gerecht werden.

Voll mit Honig gefüllte Waben –
Kinder, von klein auf mit Bienen und Honig vertraut

Sonstige Bienenprodukte
Blütenpollen

Die Blütenpollen (auch als Blütenstaub bezeichnet) sind die männlichen Geschlechtszellen der Pflanzen. Ein Bienenvolk sammelt davon jährlich ca. 40 kg, um das Bienenvolk und vor allem die Bienenbrut mit hochwertiger Eiweiß- und Vitaminnahrung zu versorgen. Die Arbeiterinnen des Bienenvolkes haben an ihrem dritten Beinpaar Körbchen, in das sie den auf den Blüten gesammelten Blütenstaub hineinstopfen und als sogenannte „Höschen" in das Bienenvolk tragen. Dort pressen Jungbienen diesen Pollen als Vorrat in Zellen und versehen den Pollen mit wertvollen Drüsensekreten, sodaß dieser Pollen lagerfähig wird.

Der Imker kann nun vor die Flugöffnung ein engmaschiges Gitter anbringen, das den heimkehrenden Bienen die „Höschen" abstreift. Diese Pollen werden dann getrocknet und kommen in körniger Form oder auch gemahlen in den Handel.

Dieser Raub an Pollen schadet dem Bienenvolk sehr, und er kann daher nur kurzfristig angewendet werden. Dies ist auch der Grund, warum sich in Österreich so wenige Imker mit der Pollenproduktion beschäftigen. Noch wertvoller wäre der von den Bienen bereits mit Drüsensäften versehene Pollen, wie er in den Waben lagert; es sind davon aber keine größeren Mengen zu gewinnen, da dieser Pollen schwer zu ernten ist.

Die chemische Zusammensetzung des Blütenstaubes ist ein Wunderwerk. In höchst konzentrierter Form findet man darin biologisch wertvolle Eiweißverbindungen einschließlich einer Reihe freier Aminosäuren sowie Vitamine, Fermente, Hormone und wichtige Spurenelemente. Blütenpollen ist somit eine Quelle wichtiger Vitamin- und Mineralstoffnahrung. Der regelmäßigen Aufnahme von Blütenpollen sagt man nach, daß dadurch die Gefäße gestärkt werden, was Blutergüssen in Gehirn, in der Netzhaut, im Herzen usw. vorbeugt. Pollen wird auch sehr gerne von Diabetikern genommen, und es haben mir schon viele Personen durch Pollengenuß wesentliche Besserung bestätigt.

Große Bedeutung kommt auch den vorhandenen Aminosäuren zu, die unter anderem für die Tätigkeit des zentralen und peripheren Nervensystems verantwortlich sind. Da es immer häufiger Personen gibt, die gegen bestimmte Pollen Allergien zeigen, möchte ich auf jeden Fall anraten, auch den Genuß von Pollen mit dem Hausarzt zu besprechen. Ich darf noch einmal darauf hinweisen, daß geringe Mengen an Pollen auch im Honig vorhanden sind und damit auch ein Effekt der Gewöhnung und Vorbeugung gegen Allergien erreicht wird.

Propolis – Kittharz
Bienen sammeln an Knospen und Trieben der verschiedensten Bäume (Pappeln, Weiden, Birken, Fichten, Kiefern, Kastanien usw.) normal bräunliches, rotbraun bis grünliches Kittharz, kauen, kneten und bespeicheln diese Harze, geben Wachs und Blütenpollen dazu und imprägnieren damit die Holzwände des Stockes und schließen damit alle unnötigen Fugen, Ritzen und Zwischenräume im Bienenstock und Wabenbau. Der Name „Propolis" kommt aus dem Griechischen und heißt *pro Polis* - vor der Stadt (Staat). Da das Bienenvolk mit dem Kittharz in der Lage ist, unliebsame abgestochene Eindringlinge wie Mäuse, Totenkopfschwärmer usw. zu mumifizieren, hat man schon im Altertum erkannt, daß die Propolis Stoffe enthält, die die Vermehrung von Bakterien und Viren unterbinden. In seiner Schrift „Vom Leben der Tiere" spricht schon Aristoteles von der Propolis, die er für ein Heilmittel bei Hautkrankheiten, Wunden und Eiterungen hält.

Viele bekannte Forscher der Neuzeit bestätigen die Heilwirkung dieses Naturheilmittels. Propolis besteht zu 50% aus Harz, 30% Bienenwachs, 10% ätherischen Ölen, 5% Pollen und ca. 5% organischen Stoffen und Mineralstoffen. Sie wird von den Imkern gesammelt und in Alkohol oder in fetthaltigen Stoffen gelöst und zu Tinkturen (Tropfen) oder zu Cremen (die Verwendung des Ausdrucks „Salben" ist verboten) verarbeitet.

Adalbert Zangerle, ein Imker aus Flirsch im Tiroler Oberland, hat jahrzehntelang Propolis in ganz Mitteleuropa verschickt und hunderte von Anerkennungsschreiben erhalten. Aus diesen Schreiben und aus vielen wissenschaftlichen Arbeiten geht hervor, daß Propolis vornehmlich zur Anregung und Erhaltung des Immunsystems unseres Körpers dient.

Propolis hilft vorbeugend gegen Grippe und Schnupfen, bei Entzündungen des Hals-Nasen- und Magen-Darmtraktes. Bei Angina, bei offenen Stellen im Mund, am Zahnfleisch und an den Lippen, bei Fieberblasen, bei Hautpilzen, bei der Behandlung kleinerer Wunden, bei Schleimbeutelentzündungen oder bei Arthrosen (Abnützungserscheinungen) wird zumindest eine Linderung der Schmerzen erreicht. Auch bei der Behandlung des Magen-Darmtraktes und bei Geschwüren wurde Propolis erfolgreich angewendet. Ebenso bei Verbrennungen, Akne, Hämorrhoiden und bestimmten Ekzemen. Bitte besprechen Sie die Anwendung unbedingt mit Ihrem Hausarzt!

Herstellung: Bei der Herstellung der Tinktur werden auf 1 Liter reinen 96%igen Alkohol zwischen 10 und 30 dag Propolis verwendet (die verwendete Menge muß an der Flasche angegeben sein). Bei der Herstellung der Creme wird die gleiche Propolismenge in reinem Vaseline, Lanolin und ausgelassenem Rindertalg (insgesamt 1 kg) verwendet.

Dosierung: Tropfen werden am besten auf einem kleinen Stück Brot oder im lauwarmen Wasser oder Tee (nur Plastiklöffel verwenden!) eingenommen.

Zur Vorbeugung oder Immunisierung genügen 5-10 Tropfen pro Tag. Zur Heilbehandlung nimmt man 3mal täglich 5-10 Tropfen.

Gelee Royale – Königinnenfuttersaft

Aus dem befruchteten Ei einer Bienenkönigin schlüpft nach 3 Tagen eine weibliche Bienenmade. Erhält diese Made Drüsensekrete der Jungbienen mit Honig und Pollen, so entsteht daraus nach 21 Tagen eine Arbeiterin. Erhält diese Made aber 5 Tage Gelee Royale (das ist ein Sekret der Schlunddrüsen junger Bienen), so entsteht daraus nach 16 Tagen die viel größere, kräftigere Königin mit entwickelten Eierstöcken und ver-

Bienenwabe mit Bienenbrut

änderter Körperform. Die Königin wird weiterhin mit Gelee Royale ernährt und lebt nicht wie eine Arbeiterin nur ca. 8 Wochen, sondern 4 bis 5 Jahre. Auch steigt die Wachstumsgeschwindigkeit durch Gelee Royal wie durch ein Wunder. Eine Königin vergrößert ihr Körpergewicht in 5 Tagen um das 2.000fache!

Es ist nicht verwunderlich, daß der Mensch diesem Gelee Royale fast eine Wunderkraft zuschreibt und daß sich Wissenschaftler der ganzen Welt mit der Erforschung dieser Substanz beschäftigen.

Mit folgenden Ergebnissen: Gelee Royale enthält Proteide (Stickstoffverbindungen) in konzentrierter Form, darunter einen großen Teil an Aminosäuren (Alanin, Arginin, Asparaginsäure, Glutaminsäure, Zystin, Leucin, Phenylalanin, Prolin, Serin, Taurin, Threonin, Tyrosin, Valin usw.), wovon die meisten für den menschlichen Organismus unentbehrlich sind, Kohlehydrate und Lipide (Fette) und eine große Anzahl an Vitaminen, Mineralstoffen und Spurenelementen (Vitamine B1, B2, B3, PP, B5, B6, B7, B8, H, B9, B12, A, C, D, F)

Auch wurde ein starker antibiotischer Faktor, wirksam auf die Proteus- und Escherichia Coli Bakterien, entdeckt. Schließlich gibt es einen Prozentsatz an Substanzen, die zur Zeit noch unbekannt sind.

Die allgemeinen Eigenschaften von Gelee Royale lassen sich wie folgt beschreiben: anregend, stärkend, euphorisierend (das Wohlbefinden steigernd), revitalisierend und ausgleichend. Es ist zu empfehlen bei fast jeder Art von Rekonvaleszenz, Körperschwäche, Appetitlosigkeit, gewissen Anämien und Problemen mit dem Blutdruck, sexuellen Störungen bei Mann und Frau, Menstruationsstörungen, Gemütsstörungen, Arbeitsüberlastung usw.

Gelee Royale kommt meist vermischt mit Honig in den Handel, da es pur sehr rasch zerfällt und verdirbt (bitte die angegebenen Anteilsprozente beachten!).

Sonstige Bienenprodukte

Bienenwachs
Wachs wird seit alters nicht nur für Kerzen, sondern in Salben, Pomaden und zum Bestreichen der Backbleche verwendet. In Salben macht Wachs die Haut geschmeidig und weich und überzieht sie mit einer dünnen Schutzschichte. Wachs wird aber auch mit Honig zum Kauen verwendet und soll gegen allerlei Allergien hilfreich sein. Es gibt Imker, die auch Wabenhonig erzeugen, und es sind Wabenstücke mit Honig in guten Imkerfachgeschäften erhältlich.

Es gab aber auch einige Kunden, die gegen Wachsmotten unbehandelte, bereits bebrütete und geschlüpfte Bienenwaben (Bienenwaben mit Nümpfhäuten) zum Kauen bestellten und behaupteten, dies sei ein wirksames Mittel bei Atem- und Lungenbeschwerden.

Bienengift
Schon zur Zeit der Ägypter und heute noch in Rußland werden an schmerzenden Körperteilen Bienen zum Stechen angesetzt, und man erzielt dabei Erleichterung und Hilfe. In Deutschland gibt es die Fa. Mack in Illertissen, die den Bienen durch schwache Stromstöße das Gift abnimmt und daraus Salben und Injektionslösungen herstellt, die dann auf hygienische Art und unter Aufsicht eines Arztes verabreicht werden. Erwähnen möchte ich hier die Allergien gegen Bienen- und Wespenstiche, die sich zunehmend verbreiten. Allergische Personen sollten sich unbedingt einer ärztlichen Kur unterziehen, denn es gibt nicht nur die Honigbiene, sondern viele Solidärbienen und ca. 500 Wespenarten, die ebenfalls stechen können. Da ist eine Immunisierung sicher wichtig!

Honig und Umweltbelastung

Verkehr, Hausbrand, Industrie und der Einsatz von Chemie setzen unserer Umwelt, dazu zählen auch Pflanzen und Tiere, stark zu. Unsere Biene ist mit der Umwelt auf das engste verbunden. Das spürt der Imker bei all seinen Arbeiten am Bienenvolk. Deshalb achten umweltbewußte Imker darauf, daß keine Chemie in den Honig gelangt. Auch sind dem Bienenvolk zwei Filtersysteme vorgesetzt. Einmal ist es die Pflanze, die über ihr Wurzel- und Blattsystem nicht alles aufnimmt, zum zweiten ist es das Bienenvolk selbst, das darauf achtet, daß nichts Schädliches in den Bienenstock eingetragen wird. Sogar bei Versuchen mit bienenverträglichen Spritzmitteln konnte man feststellen, daß damit kontaktierte Bienen nicht mehr in das Bienenvolk hinein durften, denn sie verloren dadurch ihren Stockgeruch. Auch der Verarbeitungsprozeß des Nektars im Bienenvolk, wo dieser von tausenden Jungbienen umgetragen, eingedickt und mit Drüsensäften versehen wird, reinigt den Honig, sodaß man mit Sicherheit auch heute noch von einem *gesunden Honig* sprechen kann.

nte Bienenstöcke

Alkoholische Getränke

Rezepte mit Honig

Honig zählt seit frühesten Zeiten zu den kostbarsten Gütern, er war immer schon ein unentbehrlicher Helfer in der Küche. Auch heute sollte er in keinem Haushalt fehlen. Die nun folgenden Rezepte sollen Sie anregen, den Honig für Speisen, Getränke und Gebäck zu verwenden (Mengenangaben bei Hauptspeisen und Desserts für 4 Personen).

Met

Met zählt zu den ältesten berauschenden Getränken. Es gibt dafür die verschiedensten Rezepte, wobei der Metbrauer die Geschmacksrichtung selbst bestimmen kann.

Um dem Met mehr Bukett und Geschmack zu verleihen, wird bei der Herstellung entweder ein guter Tee vorbereitet und dann zur Gärung Honig eingerührt, oder es werden Gewürze wie Zimt, Muskatnuß usw. beigegeben. In alten Tiroler Rezepten wurden auch der Gärung Blüten und Kräuter (Löwenzahn, Alpenrosenblüten, Kirschblüten usw.) in großen Mengen beigegeben, wodurch man gleichzeitig mit der Geschmacksbeigabe auch die heilende Wirkung der Pflanze ausnützen konnte.

Met mit Tee und Gewürzen

In 50 l Wasser gibt man 2-3 Stangen ganzen Zimt, 2 Löffel Nelken, 2-3 geschnittene Zitronen, 1/4 Muskatnuß, 1 walnußgroßes Stück Ingwer, kocht dies bei häufigem Rühren gut auf, seiht die festen Bestandteile ab und rührt 16-20 kg Honig dazu.

Diesem Honigsaft wird ca. 1/2 Stange Bäckerhefe beigegeben, und man läßt ihn bei ca. 20°C 8 Wochen gären, entfernt dann durch Umziehen (Abstechen) den frisch gegorenen Met vom Läger (Bodensatz) und füllt ihn nach einer Nachgärung von 4 bis 6 Monaten in Flaschen.

Man kann bei der Honigzugabe auch Fruchtsäfte (Apfel-, Quitten-, Birnen-, Erdbeer-, Himbeer-, Brombeer-, Trauben-, Stachelbeersaft usw.) beigeben und die Gewürzzugaben beliebig ändern. Auch Schwarztee, Hagebuttentee, Pfefferminztee, Zitronenmelisse usw. geben dem Met ein vortreffliches Aroma.
Statt der Bäckerhefe kann man auch aus Klosterneuburg Gärhefe beziehen oder Wein- bzw. Bierhefe verwenden. Auch die Hefe beeinflußt den Geschmack.

Bienenvolk mit einer vom Imker markierten Königin

Alkoholische Getränke

Blütenmet

Als ich in meinem 24. Lebensjahr an einer schweren Gelbsucht erkrankte, hat ein alter Imker meiner Mutter geraten, sie soll mir einen Met mit Löwenzahnblüten wie folgt herstellen, der mir bis heute sehr wohl bekommt:

In 3 l abgekochtes Wasser gibt man 4,5 Liter offene (vormittags pflücken!) Löwenzahnblüten, 2 dag Hefe, 1 geschnittene Zitrone, 1 geschnittene Orange, 1/2 kg Sultaninen und 2,5 kg Honig und läßt alles bei öfterem Rühren (täglich) 10 Tage gären. Die Flüssigkeit kommt in einen Gärbehälter, und mit den festen Bestandteilen (Blüten, Sultaninen usw.) wird noch einmal mit 3 l gekochtem Wasser und 2,5 kg Honig eine Gärflüssigkeit angerichtet. Nach 10 Tagen wird auch die zweite Gärflüssigkeit abgeseiht und im Gärbehälter mit der ersten vereint. Die festen Teile kommen zum Biomüll. Nach weiteren 2 Monaten ist die stürmische Gärung (ca. 20°C) vorbei, der Met wird vom Läger abgezogen und nach einer Nachgärung von 4 Monaten in Flaschen gefüllt.

Die den Blüten bei der Gärung entzogenen Stoffe sollen sehr heilsam gegen Leber-, Gallen- und Magenleiden sein. Wegen des Alkoholgehaltes soll dieser Met nur in kleinen Mengen (mäßig und regelmäßig) getrunken werden. Man rechnet, daß 2,5 kg Honig in 100 Liter Wasser einen Grad Alkohol erzeugen; dies stimmt nur annähernd bis 12° Alkohol, da darüber größere Restzuckermengen verbleiben. Bei 25 kg Honig in 100 l Wasser vergoren bilden sich ca. 10° Alkohol.

Alkoholische Getränke

Honigsekt

10 l Schwarztee
1 kg Blütenhonig
1/2 TL Hefe
etwas Zitronensaft

Bei Verwendung von normalen Flaschen höchste Explosionsgefahr!

In den heißen Tee wird der Honig gerührt. Nach der Abkühlung setzt man die in wenig Wasser gelöste Hefe zu.

Nach zwei Tagen in einem warmen Raum füllt man den Trunk mit etwas Zitronensaft in Sektflaschen, verschließt diese mit Sektkorken und Draht und stellt sie in den kühlen Keller.
(Rezept von der Tiroler Imkergenossenschaft)

Honiglikör aus Apfelschnaps

Da ich selbst Schnaps brenne, mache ich mit Schnaps und Honig auch einen Honiglikör, der sehr geschätzt wird.

Den geringen Satz gebe ich mir gelegentlich in den Tee.

Ich verwende für 1 l Schnaps mit 50 % Alkohol ca. 0,75 kg Blütenhonig, der vor dem Einrühren in den Schnaps mit 1/4 l warmem Wasser verdünnt wurde. Kräftig durchrühren, dann 1 Woche ruhen lassen und den klaren Teil in Flaschen füllen.

Honiglikörchen

50 dag aromatischen Honig in 1/2 Liter 96%igen Alkohol rühren, bis er ganz geklärt ist. Dann 1/2 Liter abgekochtes Wasser hinzufügen.

Falls der Likör trüb ist durch ein Filterpapier laufen lassen und in Flaschen füllen.
(Rezept von Josef Gottfried Klotz, Laas, Südtirol)

Honiggrog

(polnisch)

1/8 l Wasser
1/8 l Honig
2 gestrichene TL Zimt
1 Stück Vanilleschote
6 Gewürznelken
6 Pfefferkörner
1/2 geriebene Muskatnuß
1/4 l Wodka
abgeriebene Schale einer halben Zitrone

Wasser und Honig unter Rühren in einem Topf erhitzen. Zimt und aufgeschnittene Vanilleschote zugeben.

Gewürznelken und Pfefferkörner zerstoßen und mit geriebener Muskatnuß in die Flüssigkeit geben. 15 Minuten sieden lassen, leicht abkühlen und Wodka zugießen - nicht mehr kochen. Mit Zitronenschale würzen. Zugedeckt 10 Minuten ziehen lassen. Durch ein Sieb gießen, in vorgewärmte Groggläser füllen und servieren.
(Rezept von Waltraud Soder, Kirchberg/Tirol)

Mit der Pfeife werden die Bienen beruhigt

Alkoholische Getränke

Beerenwein

2 kg Beerensaft (von Erdbeeren, Himbeeren, Ribisel oder Brombeeren)
40 dag Rosinen
5 g Weinstein
1 Stamperl Rum
3 l Wasser
1/2 kg Honig

Die Beeren werden zerquetscht und na‍ 2 Tagen ausgepreß‍ Das Wasser, der Honig, die Rosinen und der Weinstein werden kurz aufgekocht und heiß in d‍ Beerensaft gegosse‍ Nach Abkühlung fü‍ man den Rum dazu

Gewürzpunsch

1 l Wasser
1/4 kg Honig
Nelken, Zimt und Muskat
ungespritzte Orangenschale
Saft von 2 Orangen oder Zitronen
1/4 l Apfelschnaps

Wasser, Honig, Nelken, Zimt, Muskat und Orangenschalen werden so lange gekocht, bis sich üb‍ der Flüssigkeit dicke‍ Schaum bildet. Dies‍ wird mehrmals abgeschöpft. Nach e‍ Abkühlung gibt mar‍ dann den Orangen- oder Zitronensaft dazu und gießt alles mit dem Apfelschna‍ durch ein Tuch in da‍ Punschgefäß.

TIP

Dieser Punsch wird kalt serviert.

Alkoholische Getränke

Milch-Honig-Cocktail

1/2 l Milch
4 EL Honig
2 Löffel Schlagobers
1 Eigelb und 1 Zitrone
1 Stamperl Apfelschnaps oder Cognac

Den Honig verrührt man mit dem Schlagobers, dem Eigelb, der Milch und dem Saft der Zitrone und gibt 1 Stamperl Apfelschnaps oder Cognac dazu.

Früchte-Bowle

5 geschälte Äpfel, Birnen oder Marillen
1/4 kg Honig
1/8 l Rum
1 Flasche Sekt
1 Flasche Weißwein

Die Früchte von Kernen und Kerngehäusen befreien, würfelig schneiden, dann mit dem Honig vermischen.
1 Tag kühl stellen, dann den Rum 1-2 Stunden einwirken lassen und vor dem Servieren den gekühlten Wein und Sekt dazugießen.

Tee mit Honig

Das ist wohl das gebräuchlichste Getränk mit Hon‹ besonders bei Erkältung, Grippe, Halsweh oder b Magenverstimmungen. Doch ist Tee mit einem Lö fel Honig, warm oder kalt getrunken, auch sonst e sehr bekömmliches und gesundes Getränk, es w das häufigste Getränk unserer Eltern und Großelter und es ist auch heute noch den Konzentraten, ch misch konservierten oder synthetisch hergestellt‹ Getränken vorzuziehen. Allerdings sollte man d‹ Honig nicht dem kochend heißen Tee beigeben, ‹ die enthaltenen Fermente und Inhibine an Wirksan keit verlieren; doch braucht man auch nicht übe ängstlich zu sein, denn Honig ist ein schlechter Wä meleiter. Richtig wird sein, den Honig bei 50-60° einzurühren, das ist kurz vor Erreichung der Trink temperatur.

Spezielle Kräutertees mit Honig wurden immer b‹ verschiedenen Beschwerden eingesetzt, und ich e laube mir, einige Empfehlungen meiner Großmutte die 1857 geboren war, aufzuzeigen:

Tee als Stuhlgangregulator: Kamillentee mit heißer Wasser abbrühen, 5 Minuten ziehen lassen, abseiher einen Teelöffel frischen Honig beigeben und je nac Stuhlverhärtung 1/2 bis 1 Teelöffel Leinöl einrühre (täglich 1 bis 2 Tassen trinken).

Ebenfalls sehr zu empfehlen: Fencheltee ode Rhabarbersaft mit 1 bis 2 Teelöffel frischem Honig Für Erwachsene kann man auch einen Tee von de Faulbaumrinde mit einem Teelöffel frischen Honig zubereiten.

Tee gegen Durchfall: Reife Heidelbeeren werden i‹ frisch geschleuderten Honig eingelegt und 4 bis 5

Alte Imkerwerkzeuge aus dem CARNICA Bienenmuseum in Kirschentheuer/Kärnten

Wochen ziehen gelassen. Davon gibt man teelöffelweise. Dieser Heidelbeerhonig sollte in keiner Familie fehlen, in der Kinder heranwachsen. Für Erwachsene eignet sich auch der Tee aus der Wurzel des gelben Enzians, der mit Honig gesüßt wird.

Blutreinigung: Zur Blutreinigung wurden im Frühjahr folgende Tees mit 1 Teelöffel frischem Honig pro Tasse empfohlen: Gänseblümchentee, Holunderblättertee, Brombeerblättertee, Kamillentee, Löwenzahntee, Hagebuttentee, Schafgarbentee, Schlüsselblumentee, Wacholdertee, Ysoptee oder Zinnkrauttee. Von diesem Tee oder einer Teemischung, der nur als Aufguß zubereitet wird, trinkt man 2-3 Tassen pro Tag.

Bei *Abszessen, Ekzemen, Hautunreinheiten, Alterekzemen, Bartflechten* (Zinnkraut), *Fußgeschwüre, Gerstenkorn* und *Hautleiden* hat man nicht nur den Blutreinigungstee getrunken, sondern die zerquetschten Kräuter mit Honig aufgelegt und täglich gewechselt.

Kreislaufstörungen: Schafgarbentee mit reichlich Honig.

Nervenschwäche - Nervenreizung - Erschöpfung:
Einen geschälten Apfel in Stücke schneiden, mit einem halben Liter heißem Wasser überbrühen, 1 Stunde ziehen lassen und 2-3 TL frischen Honig einrühren. Die Apfelstückchen essen und den Saft schluckweise trinken.

Schlaflosigkeit: An Beruhigungstees sind folgende bekannt: Kamillentee, Baldriantee, Lavendeltee oder Thymiantee mit reichlich Honigzusatz. Abends vor dem Schlafen 1/2 bis 1 Tasse trinken.

Milch mit Honig

Wertvolle Eiweißstoffe der Milch ergänzen sich ganz vorzüglich mit den Kohlenhydraten (den verschiedenen Zuckerarten) des Honigs.

Milchkakao

Auf 1 Liter Milch gibt man ca. 2 EL Kakao und 2 EL Honig.

In warme Milch einrühren oder im Mixer schlagen.

Bananenmilch

1/4 l Milch
1 Banane
1 EL Honig
1/2 Zitrone

Die Milch mit dem Honig gut verrühren, die Banane pürieren und in die Milch einrühren und mit dem Zitronensaft abschmecken.

Honigmilch mit Nüssen

1 Glas Milch oder Buttermilch
10 Haselnüsse oder ca. 5 Walnußkerne
3 EL Honig
Saft einer halben Zitrone

Nüsse fein reiben, mit Honig, Milch und Zitronensaft schaumig schlagen, kalt servieren.

Marillen- oder Pfirsichmilch

Die gewaschenen Marillen oder Pfirsiche entkernen und pürieren, dann Milch und Honig untermischen.

Milch mit Honig

Früchte-Sauermilch

1/4 l Sauermilch
zerdrückte Erdbeeren,
Bananen, Himbeeren,
Brombeeren, Marillen
usw.
1 EL Honig
4-5 TL Weizenkeime
1 Eigelb
Saft einer Orange

Die zerdrückten Früchte mit Honig, Eigelb und Weizenkeimen gut vermischen, dann die Sauermilch zufügen und gründlich durchrühren.

Karottenjoghurt

Zu einem Becher Naturjoghurt gibt man
1 EL Karottensaft und
1 EL Honig.

Alle Zutaten gut verrühren.
(Rezept von Rosa Hauser, Zell/Zillertal)

Erdbeertrunk für 1 Person

1/4 l Milch
5 dag Erdbeeren
1 EL Honig

Die gewaschenen Erdbeeren pürieren und mit Milch und Honig verquirlen.

Eierlikör (ohne Alkohol)

4 Eier
3 Tassen Milch
4 EL Honig
1 TL Vanille
etwas Muskatnuß
eine Msp. Salz

Das Eiweiß wird steif geschlagen, das Eigelb dazugerührt, dann gibt man Milch, Vanille, Muskatnuß und Salz dazu.
Das Getränk kann heiß oder kalt getrunken werden.

Honigschleuder und Entdeckelungsgerät in einem modernen Betrieb

Frucht- und Gemüsesäfte mit Honig

Fruchtsaft

Apfelsaft: Auf ca. 100 ccm frisch gepreßten Apfelsaft gibt man 10 ccm Zitronensaft und 1 EL Honig.
Birnensaft: Auf 200 ccm Birnensaft gibt man 2 EL frischen Honig.

Brombeersaft: Auf 100 ccm Brombeersaft gibt man 50 ccm Rahm und 1 EL Honig.
Ribiselsaft: Auf 100 ccm Saft der schwarzen, weißen oder roten Ribisel gibt man 1-2 EL Honig, Zitronensaft nach Geschmack und wenn vorhanden ca. 50 ccm Schwarzkirschensaft.

Mischsaft

Auf 100 ccm Kirschensaft, 50 ccm Erdbeersaft, 50 ccm Himbeersaft gibt man 1 EL Süßrahm und 2 EL Honig.
Oder: 200 ccm Heidelbeersaft, 50 ccm Himbeersaft, 50 ccm Traubensaft und 2 EL Honig.
Oder: 200 ccm frischer Apfelsaft, 50 ccm Kirschensaft, 50 ccm Heidelbeersaft, 2 EL süßer Rahm und 2 EL frischer Honig.

Frucht- und Gemüsesäfte

Karottensaft

Für 100 ccm ausgepreßten Karottensaft nimmt man den Saft von 2 Blutorangen und 1 EL Honig.

Rote-Rüben-Saft

In 200 ccm frischem Saft von roten Rüben 3 EL süßen Rahm und 2 EL Honig einrühren.

Tomatensaft (Paradeissaft)

Etwa 250 ccm Tomatensaft, 2-3 geriebene Äpfel, 2 EL Honig und etwas Zitronensaft vermischen.

Rotkrautsaft

Etwa 200 ccm Rotkrautsaft, 2-3 EL Honig und Zitronensaft (nach Belieben) vermischen.

Selleriesaft

ca. 100 ccm Selleriesaft
2 EL Honig
1-3 EL Milch

Alle Zutaten vermischen.

Brennesselsaft

2 Handvoll junges Brennesselkraut wird klein geschnitten, dann läßt man das Kraut mit etwas Wasser ca. 2 Stunden ziehen. Dann preßt man diesen Brei gut aus und gibt dem Saft Honig bei.

TIP

Dieser Saft ist sehr belebend.

Frucht- und Gemüsesäfte

Bergsteiger-Trunk

1 Orange
1 Grapefruit
2 EL Honig
Mineralwasser nach Belieben

Den Saft der Orange und der Grapefruit mit dem Honig mischen und mit Mineralwasser beliebig spritzen.

Orangen-Mixgetränk

2 Orangen
1 Zitrone
1 Eigelb
1/4 l Milch
1/8 l Obers
1 EL Weizenkeime
1 EL Haferflocken
4 EL Honig

Orangen und Zitrone auspressen und mit den anderen Zutaten vermischen.

TIP

Ist sehr kräftigend!

Faschings-Kater-Trunk

1/8 l Orangensaft
1/8 l Karottensaft
Saft einer Zitrone
1 EL Traubenzucker
2 EL Honig
1 TL Blütenpollen

Alle Zutaten miteinander gründlich mixen.

Bienenhaus mitten im Obstgarten

Honigsteak

je eine rote und grüne Paprikaschote
2 Zwiebeln
20 g Butter
10 Oliven
1 kleine Dose Champignons
1/8 l Fleischbrühe
2 EL Tomatenketchup
4 EL Öl
4 Filetsteaks von je 125 g
Salz
4 EL Honig
6 zerstoßene weiße Pfefferkörner
1/2 Bund Petersilie

Paprikaschoten halbieren, putzen und waschen. In Streifen schneiden, auch die geschälten Zwiebeln. Butter in einem Topf erhitzen, Paprika und Zwiebeln darin 5 Minuten anrösten. In Scheiben geschnittene Oliven und abgetropfte Champignons zugeben, 5 Minuten mitbraten. Heiße Fleischbrühe angießen, Tomatenketchup unterrühren, aufkochen und warm stellen. Öl in einer Pfanne stark erhitzen, mit den Handballen flachgedrückte Filetsteaks darin auf jeder Seite 1/2 Minute scharf anbraten, dann auf jeder Seite noch Minuten. Aus der Pfanne nehmen, salzen, eine Seite dick mit Honig bestreichen und mit zerstoßenem Pfeffer bestreuen. Mit dieser Seite wieder in die Pfanne geben und 1 Minute braten. Mit der Honigseite nach oben auf 4 vorgewärmte Teller geben. Das Gemüse daneben anrichten und mit Petersilie garniert servieren.
(Rezept von Waltraud Soder, Kirchberg)

TIP

Beilagen: In Butter gebratene Bananenhälften, Paprika-, Gurken-, Kopfsalat. Dazu Stangenweißbrot und als Getränk leichter Rotwein.

Hauptspeisen

Pfeffersteak

4 Steaks
2 EL Öl
2 EL Honig
Pfeffer
Salz
Pfeffersauce
100 g Butter

Öl mit Honig, Pfeffer, Salz und Pfeffersauce verrühren und die Steaks auf beiden Seiten damit bestreichen. 20 Minuten ziehen lassen. Butter in einer Pfanne schmelzen und die Steaks auf beiden Seiten braten.
(Rezept aus der Alpenländischen Bienenzeitung)

Forellen mit Honig

4 Forellen mit ca. 250 g
4 mittelgroße Zwiebeln
5 Champignons
2 TL Honig
200 ml Weißwein
1 1/2 EL Olivenöl
etwas Kümmel
gehackte Petersilie
Chilisauce
Salz

Aus den Zutaten eine Marinade zubereiten und die gewaschenen und getrockneten Forellen darin einige Stunden ziehen lassen. Die Fische dann einzeln in Alufolie einwickeln und in einer Kasserolle nebeneinander bei geringer Hitze garen lassen.

Mit Buttersauce servieren.

Karpfen mit Honig

1 Karpfen
10 dag Butter
1 Zwiebel
10 dag Suppengrün
2 Zehen Knoblauch
etwas Thymian
1 Lorbeerblatt
4 Pfefferkörner
4 Gewürznelken
etwas Ingwer
1 dunkles Bier
3 EL Honig
2 TL Zitronenschale
5 dag Lebkuchen
6 dag Rosinen
5 dag Walnüsse
3 dag geriebene Mandeln
3 EL Weinessig
etwas Salz

Den Karpfen ausnehmen, Schuppen abziehen und reinigen. Das Blut mit etwas Essig vermischen und aufheben. Den Karpfen in 4 Stücke schneiden und mit Salz einreiben. Den Kopf in kleine Stücke hacken und mit Butter, feingehackter Zwiebel, feinem Suppengrün, Knoblauch, Thymian, Lorbeerblatt, Pfefferkörnern, Gewürznelken, Ingwer und dem Bier in einer Pfanne ca. 15 Minuten kochen lassen, dann abseihen und das Gemüse gut ausdrücken. 1 EL Honig in einer Pfanne schmelzen und karamelisieren, Sud und Blut zugeben, Zitronenschale, geriebenen Lebkuchen, Rosinen, blättrig geschnittene Walnüsse und Mandeln unterrühren. Die Karpfenstücke hineinlegen und 30 Minuten dünsten lassen. 2 EL Honig mit Weinessig und einer Prise Salz verrühren und in die Sauce geben.
(Rezept aus der Alpenländischen Bienenzeitung)

emalte Bienenstöcke aus Kärnten

Hauptspeisen

Schweinebraten

1 kg Schweinefleisch
(Schopf oder
Schulter)
1/2 l Hühnersuppe
3 EL Honig
3 TL Sojasauce
1 TL Salz

Das Schweinefleisch
in 4 Stücke schnei-
den. Aus Suppe,
Honig, Sojasauce und
Salz eine Marinade
bereiten und das

Fleisch darin 2 Stu
den ziehen lassen
(öfters wenden). Da
Fleisch in eine
feuerfeste Form
geben, mit einem
Teil der Marinade
übergießen und im
Rohr bei mittlerer
Hitze garen, dabei
mehrmals mit
Marinade bestrei-
chen.
(Rezept aus der AB

> **TIP**
>
> Mit eingeleg-
> ten Früchten
> wie Birnen
> oder Äpfel
> servieren.

Rippchen vom Gril

1 kg Rippchen vom
Lamm oder Schwein
4 EL Zitronensaft
1 TL Kräutersalz
1 EL Senf
6 EL Honig
1 zerdrückte Knob-
lauchzehe

Rippchen kalt spülen
und mit einem Tuch
trocknen. Aus den
Zutaten eine

Marinade rühren, di
Rippchen darin 3
Stunden ziehen
lassen. Dann die
überschüssige
Marinade und die
Rippchen in der
Grillpfanne oder am
Holzkohlengrill
rösten. Dabei häufig
mit Marinade
bestreichen.
(Rezept aus der ABZ

Hauptspeisen

Rindsgulasch mit Pilzen und Honig

50 dag Rindsgulasch
Olivenöl
2 große Zwiebeln
1 Knoblauchzehe
1 EL Mehl
1/2 l Fleischsuppe
50 dag Mischpilze
2 EL Butter
1/8 l Rotwein
2 EL Sherry
2 EL Preiselbeeren
2 EL Honig
1 EL Petersilie
Salz, Pfeffer, Paprika

Das Fleisch in heißem Öl auf allen Seiten gut anbraten, gehackte Zwiebeln und die zerdrückte Knoblauchzehe dazugeben, mit Salz, Pfeffer und Paprika würzen. Mit Mehl bestäuben und mit der Suppe ablöschen. Die geputzten Pilze blättrig schneiden, in Butter andämpfen und zum Gulasch geben. Mit Rotwein aufgießen und ca. 50 Minuten schmoren lassen. Den Sherry und die Preiselbeeren untermischen. Mit Honig abschmecken und beim Servieren mit gehackter Petersilie bestreuen.
(Rezept aus der ABZ)

Aus der Vielfalt der Bienenprodukte: Kerzen, Honig, Honigschnaps, Wachs und vieles andere mehr

Tafelspitz mit Obers

1 kg Tafelspitz
1 TL Salz
2 Karotten
1/2 Sellerieknolle
2 Stangen Lauch
1 Petersilienwurzel
1 Zwiebel
Pfeffer
1 EL Honig
1/4 l Obers
4 EL geriebener Kren
1 säuerlicher Apfel

2 Liter Salzwasser kochen, das kalt gewaschene Fleisch samt geschnittenen Karotten, Selleriewürfeln, Lauchringen und Petersilienwurzelstücken zugeben und ca. 20 Minuten kochen lassen, dann die dünn geschnittene Zwiebel und den Pfeffer zufügen. Weitere 30 Minuten ziehen lassen. Inzwischen d. Honig-Kren-Obers-Gemisch anrühren: Honig mit Obers verquirlen und den Kren und den geschälten und geriebenen Apfel gut untermischen. Das Gemisch kühl stellen. Das Fleisch herausnehmen und in Scheiben schneiden. Auf einer vorgewärmten Platte anrichten und mit dem abgeseihten Gemüse belegen. Das Honig-Kren-Obers-Gemisch in einer Glasschüssel getrennt servieren.
(Rezept von Helga Taslimi, Innsbruck)

TIP

Als Beilagen eignen sich Salzkartoffeln oder Semmelknödel.

Hauptspeisen

Gegrilltes Hühnchen

1 Hühnchen
Pfeffer
Salz
Öl

Glasur:
4 EL Honig
2 EL Zitronensaft
3 gemahlene Nelken
1 TL Sojasauce

Das Hühnchen mit Pfeffer und Salz würzen und außen mit Öl bestreichen. Auf Spieße stecken und im Grill drehend ca. 40 Minuten garen. In den letzten 10 Minuten mit der gemixten Marinade aus Honig, Zitronensaft, Nelken und Sojasauce bestreichen.
(Rezept aus der ABZ)

Hauptspeisen

Gulasch vom Wild

80 dag Wildgulasch
10 dag Bauchspeck
10 dag Zwiebeln
1/2 l Rotwein
10 dag Korinthen
5 Wacholderbeeren
Pfeffer, Salz,
Basilikum
1 TL Johannis-
beergelee
3 TL Honig
1 EL Madeira
1 EL Essig
2 EL geriebenes
Schwarzbrot

Den Speck fein-
wurfelig in einem
Topf auslassen.
Fleisch in Stücke
schneiden und im
Speck von allen
Seiten gut an-
bräunen. Die
Zwiebeln feinwürfel
mitrösten. Nach und
nach Rotwein
zugießen. Die
Korinthen waschen,
Wacholderbeeren
zerdrücken und beid
zugeben. Mit Pfeffer
Salz und Basilikum
würzen. Johannis-
beergelee mit Honig
verrühren und
dazugeben. Etwa 45
50 Minuten kochen
lassen. Mit Madeira
und Essig abschmek-
ken, das geriebene
Schwarzbrot unter-
rühren, nochmals 10
Minuten kochen.
Nach Bedarf mit
Pfeffer und Salz
nachwürzen.
(Rezept aus der ABZ)

TIP

Dazu passen gut Spätzle.

Farbenvielfalt der verschiedenen Honigsorten

Ochsenschwanzsuppe mit Tomate

75 dag Ochsenschwanz
1 EL Öl
35 dag Zwiebeln
1 Bund Suppengrün
1 kg Tomaten
1/2 l Fleischsuppe
1 Lorbeerblatt
3 Pimentkörner
1 Glas Apfelschnaps
1 EL Honig
Salz

Klein geteilten Ochsenschwanz kaufen. Im Topf mit Deckel das Öl erhitzen und die Ochsenschwanzstücke darin rundum gut anbräunen. Dann das feingeschnittene Suppengrün und die geviertelten Tomaten zugeben, kurz schmoren lassen, dann mit Suppe ablöschen. Den Topfdeckel auflegen und die Suppe samt Lorbeer und Piment bei schwacher Hitze ca. 2 Stunden garen lassen. Zwischendurch etwas Suppe nachgießen. Ochsenschwanzstücke herausnehmen und von den Knochen lösen. Das Gemüse durch ein Sieb passieren, das Fleisch wieder zugeben, die Suppe wieder erhitzen und mit dem Schnaps, Honig und Salz abschmecken.
(Rezept von Frau Zettl, Brunn am Geb.)

Beilagen

Honigsauce für Salate

1 EL fester Honig
1 EL mittelscharfer Senf
2 EL Mayonnaise
4 EL Joghurt
frisch gemahlener Pfeffer
Kräuter und Salz

Honig und Senf werden gut miteinander verrührt, dann alle anderen Zutaten dazugegeben. Abschmecken.
(Rezept von Karl Schottenhammer, Regensburg)

Honig-Zitronen-Butter

100 g Butter
2 EL Honig (40 g)
2 EL Zitronensaft
abgeriebene Schale einer Orange

Butter mit dem Honig verrühren, Zitronensaft und Orangenschale dazugeben. Zu einer Rolle formen und in Alufolie einrollen. 15 Minuten im Gefrier- oder Eiswürfelfach kalt werden lassen. Kurz vor dem Servieren herausnehmen, auswickeln und in 2 cm dicke Stücke schneiden.
(Rezept von Waltraud Soder, Kirchberg/Tirol)

TIP

Honig-Zitronen-Butter wird wie Kräuterbutter zu kurz gebratenen Fleischstückchen oder gebratenem Fisch serviert. Sie paßt auch als Beilage zum Fleischfondue.

Honig-Joghurt

4 Becher Sahne-Joghurt
2 Orangen
1 Zitrone
40 g Zucker
3 Eigelb
2 EL Honig
1 Orange zum Garnieren

Joghurt in eine Schüssel geben, Orangen und Zitronen auspressen, Saft un[d] Joghurt mit einem Schneebesen schlagen. Zucker, Eigelb und Honig darunterrühren. Orange schälen, in 4 Scheiben schneid[en] und Honig-Joghurt damit garnieren.
(Rezept von Waltra[ud] Soder, Kirchberg/Tir[ol)

Schnelles Dessert für Honig-Fans

Kompott- oder Dosenbirnen auf vier Teller verteilen. 4 EL Honig mit 2 Glas (je 2 cl) Cognac erhitzen. Über die Birnen verteilen. Heiß servieren. Am beste[n] mit Schokoladensir[up.]
(Rezept von Waltra[ud] Soder, Kirchberg/Tir[ol)

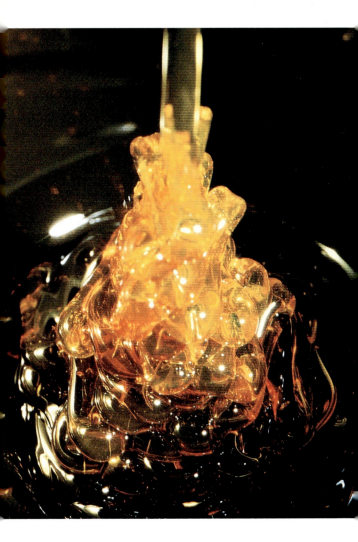

Preis im Fotowettbewerb „Biene und Kunst"

Honig-Äpfel Chinesisch

2 Eier
1 Prise Salz
1/8 l Wasser
125 g Mehl
4 saftige Äpfel
4 EL Sonnenblumenöl
100 g Honig
4 EL Erdnußöl

Für den Teig Eier, Salz und Wasser in einer Schüssel verrühren. Die Äpfel schälen, Kerngehäuse ausstechen und in dicke runde Scheiben schneiden. Sonnenblumenöl in einer Pfanne erhitzen, Apfelringe in den Teig tauchen und nebeneinander im heißen Fett auf beiden Seiten je 3 Minuten goldbraun ausbacken. In einem Topf Honig und Erdnußöl erhitzen, gebackene Äpfelscheiben eintauchen, herausnehmen und erkalten lassen.
(Rezept von Waltraud Soder, Kirchberg/Tirol)

TIP

In China spießt man die frisch gebackenen Apfelringe auf Stäbchen und taucht sie ins Wasser mit Eiswürfel, dabei kristallisiert der Honig.

Desserts

Honig-Bananen überbacken

4 Bananen
Saft einer Zitrone
Margarine zum Einfetten
2 EL Honig
10 abgezogene Mandeln
3 EL Semmelbrösel
2 EL Butter

Bananen schälen, mit Zitronensaft beträufeln, Auflaufform einfetten, Bananen nebeneinander hineinlegen. Honig darüberträufeln. Mandeln fein hacken, mit Semmelbröseln mischen und über die Bananen streuen. Butterflöckchen darüber verteilen. Form in den vorgeheizten Ofen stellen. Backzeit 20 Minuten bei 200°C. Aus dem Ofen nehmen und heiß servieren.
(Rezept von Waltraud Soder, Kirchberg)

Mit Schlagsahne und Pistazien garnieren.

/ Desserts

Honigmelone gefüllt

1 Honigmelone mit ca. 1000 g
250 g Erdbeeren
2 Orangen
50 g Puderzucker
2 EL Honig
2 Glas (je 2 cl) Kirschwasser
15 gehackte Pistazien
1/8 l Sahne

Von der Melone den Deckel abschneiden. Mit einem Löffel die Kerne ausnehmen. Mit dem Kartoffelbohrer kleine Kugeln aus dem Melonenfleisch stechen. Erdbeeren waschen, entstielen und auf einem Sieb abtropfen lassen. Orangen sehr sorgfältig schälen und in Filets schneiden. Früchte (Melonenkugeln dazu) mit Puderzucker, Honig und Kirschwasser in einer Schüssel mischen und in die Melone füllen. 60 Minuten in den Kühlschrank stellen. Geschlagene Sahne in einen Spitzbeutel füllen, die Melone garnieren und die Pistazien daraufgeben.
(Rezept von Waltrau Soder, Kirchberg/Tirol)

TIP

Am Nachmittag statt Kaffee und Kuchen oder als festliches Dessert.

Desserts

Honig-Birnen

Birnen
15 dag Topfen
2 EL Honig
etwas Zitronensaft

Birnen schälen, halbieren, Korngehäuse entfernen. Mit wenig Wasser gardünsten, dann kalt stellen. Topfen mit Honig und etwas Zitronensaft cremig rühren und auf die abgekühlten Birnenhälften verteilen.
(Rezept aus der ADZ)

Schoko-Karamellen mit Honig

10 dag Butter
10 dag Honig
10 dag Staubzucker
10 dag Schokolade
etwas Milch

Schokolade zergehen lassen und dazu etwas Milch geben. In einer anderen Kasserolle die Butter zergehen lassen, dann Honig, Zucker und die Schokolade unter Rühren beimengen. Diese Masse wird 15 Minuten gekocht und dann so auf ein geöltes Backblech gegossen, daß sie 1 cm dick wird. Bevor sie ganz erkaltet, schneidet man sie in kleine Stücke.
(Rezept von Josef Gottfried Klotz, Laas/Südtirol)

Desserts

Eis mit Honig

2 Eier
2 Tassen Obers
15 dag Honig
1 TL Vanille

Das Eigelb wird in einer Schüssel geschlagen, bis es dick wird. Dann gibt man langsam den Honig zu, bis beides gut vermischt ist. Das Obers schlagen, die Vanille dazugeben und mit Eigelb und Honig vermengen. Die Schüssel kommt einige Minuten in das Gefrierfach, bis der Rand leicht anfriert und die Mitte noch weich ist. Anschließend wird das Eiweiß untergehoben und glatt verrührt. Nun kommt die Mischung in Eisformen und wir wieder in das Gefrierfach gegeben, bis das Eis fest ist.
(Rezept aus der ABZ)

Topfencreme

20 dag Topfen
4 dag Honig
1/4 l Obers
1 Eigelb
1 Orange
Abrieb von 1 Zitrone
etwas Milch

Den Honig mit etwas Milch erwärmen, vom Feuer nehmen und das Eigelb unterrühren. Nach dem Erkalten mit dem glatt gerührten Topfen, dem Zitronenabrieb, dem steifgeschlagenen Obers und der in Würfel geschnittenen Orange vermischen.
(Rezept aus der ABZ)

TIP

Mit Orangenspalten garniert servieren.

Desserts

Honigbonbons

300 g Haselnußkerne
350 g abgezogene Mandeln
500 g Honig
400 g feinkörniger Zucker
5 g Koriander
5 g gemahlener Zimt
1 Msp. Nelkenpulver
Öl zum Einfetten
100 g Pinienkerne zum Garnieren

Haselnußkerne auf einem Backblech in den vorgeheizten Ofen schieben - Röstzeit 15 Minuten. Dann herausnehmen, auf ein saugfähiges Küchentuch geben, Haut abreiben. Nüsse kühlen lassen und dann durch die Mandelmühle drehen oder fein hacken. Ebenso die Mandeln. Honig und Zucker in einen Topf geben, bei kleiner Hitze unter Rühren flüssig werden lassen. (Als Probe können Sie einen Teelöffel der Masse in kaltes Wasser geben, wenn sich daraus ein weiches Kügelchen bildet, ist die Masse heiß genug). Jetzt kommen die geriebenen Nüsse und Mandeln und die Gewürze in den Topf. Gut umrühren und die Masse auf ein gut befettetes Blech geben. Glattstreichen, Pinienkerne daraufstreuen. Etwa 12 Stunden ruhen lassen, damit die Masse fest werden kann. In 2 cm große Würfel schneiden. Honigbonbons halten sich einige Tage, wenn sie trocken aufbewahrt werden.
(Rezept von Waltraud Soder, Kirchberg/Tirol)

TIP

Gehören Sie zu den Naschkatzen? Dann werden Sie von den Honigbonbons begeistert sein.

Gebäck

Feiner Lebkuchen

1/8 kg Honig
9 dag Zucker
25 dag Mehl
1 gestrichener TL Zimt
1 Msp. Nelken
3 g Natron
1 Ei
2 dag Mandeln
3 dag Aranzini
3 dag Zitronat
1 TL Kakao

Das Mehl wird mit den Gewürzen, geriebenen Mandeln, gehacktem Aranzini, Zitronat, Kakao und Natron vermengt. Honig und Zucker werden kurz aufgekocht und in das Mehl eingemengt, zuletzt wird das Ei eingerührt. Diese Masse streicht man fingerhoch auf ein befettetes Blech, belegt sie in Mustern mit gespaltenen und geschälten Mandeln und bäckt den Lebkuchen 20-30 Minuten bei guter Hitze.
(Rezept von Frau Hahn, Mistelbach)

TIP

Nach dem Backen sofort in Stücke schneiden.

Honig-Lebkuchen

500 g Honig, 125 g Zucker und 50 g Butter miteinander flüssig machen, abkühlen lassen, mit 1 Ei, 60 g Zitronat, Lebkuchengewürz, 60 g klein gehackten Mandeln oder Nüssen, 600 g Mehl, 1 1/2 Backpulver 1 cm dick auf ein gefettetes bemehltes Blech auswalken und dann hellbraun backen.
(Rezept von Fam. Leo Metzler, Egg/Vbg.)

Lebzelten

21 dag Zucker
2 Eier
1 Msp. Speisesoda
28 dag Mehl
8 dag heißer Honig
etwas Zimt, Zitronensaft, Nelken

Alle Zutaten mischt man gut auf dem Brett, läßt den Teig 1/4 Stunde rasten, rollt ihn dann 1/2 cm dick aus, legt ihn auf ein gefettetes Blech und bäckt ihn rasch. Noch warm schneidet man den Lebzelten in Vierecke.
(Rezept von der Tiroler Imkergenossenschaft)

Hauspfefferkuchen

2 kg Honig und 2 kg Roggenmehl zu einem steifen Teig verkneten, den man 2 Tage an einem kühlen Ort rasten läßt.
Am Vorabend werden 4 g Pottasche zu einem dünnen, gut zerriebenen Brei aufgelöst, vermischt sie mit ca. 4 dag Mehl und 2-3 Eidottern und knetet alles mit dem Teig gut durch. Das Backen kann in verschiedenen Formen erfolgen.
(Rezept von der Tiroler Imkergenossenschaft)

Honigkeks

50 dag Mehl
1 Ei
10 dag Butter
25 dag Honig
1/2 Pkg. Backpulver
1 dag Hirschhornsalz

Die ganze Masse eine halbe Stunde rühren und auswalken. Keksformen ausstechen und im Rohr backen.
(Rezept von der Tiroler Imkergenossenschaft)

Honig-Springerln

1/4 kg Honig läßt man aufsieden, gibt 10 dag Zucker, 2 EL Rum, 5 g Zimt und 5 g Gewürznelken, den Saft und die Schale einer Zitrone dazu und läßt es auskühlen.
Man gibt so viel Kornmehl dazu, bis ein fester Teig entsteht. Man treibt den Teig nicht in der Runde, sondern stellt ihn durch Hin- und Herrühren her. Man arbeitet den Teig auf dem Brett glatt ab und läßt ihn über Nacht rasten.
Dann treibt man ihn 3 cm stark aus, schneidet ihn in Streifen und läßt diese backen.
(Rezept von der Tiroler Imkergenossenschaft)

Feine Leckerli

25 dag Honig kocht man in 25 dag Staubzucker auf. Das ganze nimmt man vom Feuer, rührt nach und nach 125 g geriebene Mandeln, 2 dag fein gehacktes Zitronat und die Schale einer halben Zitrone, 5 g Zimt, 5 g Nelken sowie als Treibmittel 2-3 g Hirschhornsalz dazu, weiters 1/2 Glas Kirschwasser (von eingelegten Kirschen) und die Hälfte von 625 g Mehl, arbeitet das ganze gut ab und läßt es einen Tag stehen.

Am nächsten Tag mischt man das übrige Mehl darunter, rollt die Masse messerdick aus, sticht diese mit einem länglichen rechteckigen Förmchen aus, gibt sie auf ein bewachstes Blech und bäckt sie bei mäßiger Hitze. Sofort nach dem Backen bestreicht man die Leckerli mit Zuckerglasur, worauf man sie trocknen und zum Gebrauch ca. 2 Stunden lagern läßt. Erst dann sind sie gut und weich. Aus dieser Masse lassen sich ca. 100 Stück ausstechen.
(Rezept von der Tiroler Imkergenossenschaft)

Honig-Nußkuchen

1/4 kg Honig
12 dag Staubzucker
1 Pkg. Vanillezucker
3 Eier
Zitronenschale
3 EL Rum
20 dag geriebene
Nüsse
30 dag Dinkelmehl
1 Backpulver
Lebkuchengewürz
etwas Kaffee

Glasur:
20 dag Staubzucker
1/2 Eiklar und
Zitronensaft

Den Honig erwärmen und mit Zucker, Vanillezucker, Eidottern, abgeriebener Zitronenschale und Rum schaumig rühren. Eiklar zu steifem Schnee schlagen und abwechselnd mit den Nüssen und dem mit Backpulver versiebten Mehl in den Abtrieb einmengen. In eine gefettete, mehlbestaubte Form füllen und bei 175°C im vorgeheizten Backrohr ca. 1 Stunde backen. Nach dem Stürzen und Auskühlen mit Zitronenglasur überziehen und mit Rosinen, gewürfeltem Zitronat und geteilten kandierten Kirschen bestreuen. Für die Glasur gesiebten Staubzucker mit Zitronensaft und Eiklar glatt rühren.
(Rezept von Rosa Hauser, Zell/Zillertal)

# Gebäck mit Honig

Bienenstich

Teig:
500 g Mehl
30 g Hefe
1 TL Honig
3/8 l Milch
165 g Margarine
50 g Honig
1 Prise Salz
1 Ei
Margarine zum Einfetten

Belag:
150 g Butter
100 g Honig
1 Pkg. Vanillezucker
2 EL Milch
150 g blättrig geschnittene Mandeln
2 EL Zitronensaft

Füllung:
1 Pkg. Vanillepuddingpulver
1/2 l Milch
1 Prise Salz
3 EL Honig
150g Butter

Einen lockeren Germteig bereiten. Backblech fetten und den Teig daraufrollen. Zugedeckt 20 Minuten gehen lassen.
Für den Belag Butter, Honig, Vanillezucker, Milch, Mandeln und Zitronensaft in einem Topf verrühren. Unter Rühren erhitzen. 5 Minuten kochen und leicht abkühlen lassen. Auf den gegangenen Teig streichen. 35 Minuten bei 200°C backen. Nach dem Backen den Kuchen vom Blech lösen und auskühlen lassen. In 5-6 Streifen und dann in etwa 7 cm große Stücke schneiden (ergibt 40 Stücke). Jedes Stück durchschneiden. Vanillepudding mit Salz und Honig zubereiten. Butter schaumig rühren. Pudding löffelweise hineinmischen und die Bienenstichstücke damit füllen. Bis zum Servieren kühl stellen.
(Rezept von Waltraud Soder, Kirchberg/Tirol)

Dänischer Honigkuchen

50 g Honig
150 g Farinzucker
80 g Butter
3 EL Wasser
je ein TL Zimt, Ingwerpulver und geriebene Muskatnuß
500 g Mehl
1 Pkg. Backpulver
2 Eier
Salz
Margarine zum Einfetten
150 g Mandeln

Honig, Zucker, Butter und Wasser in einem Topf erhitzen. Abkühlen lassen. Zimt, Ingwer, Muskatnuß, Mehl und Backpulver in einer Schüssel mischen. Die Honigmasse mit den Eiern und einer kräftigen Prise Salz reinrühren. Die Kastenform einfetten. Teig hinein füllen. Mandeln mit heißem Wasser abbrühen, abziehen und in die Teigoberfläche stecken. In den vorgeheizten Ofen stellen. Backzeit 45 Minuten bei 180°C. Den Kuchen aus dem Ofen nehmen und in der Form abkühlen lassen. Frühestens am nächsten Tag in 20 Stücke schneiden.
(Rezept von Waltraud Soder, Kirchberg/Tirol)

TIP

Wenn Sie Ingwergeschmack nicht kennen, geben Sie nur 1/2 TL in den Teig, dann kosten und nach Belieben nachwürzen.

Gebäck

Honigbusserln

30 dag glattes Mehl
18 dag Staubzucker
2 ganze Eier
8 dag flüssiger Honig
1 Msp. Natron (kein Backpulver)
Zimt, Neugewurz, Kardamom, gestoßene Gewürznelken, Ingwer

Teig kneten, mit der Hand nußgroße Kugeln formen und diese auf einem mit Bienenwachs eingestrichenen Blech backen. Sind die Busserln fertig und erkaltet, schlägt man in einem großen Weitling ein Eiklar zu sehr festem Schnee und schlägt zum Schluß 10 dag gesiebten Staubzucker ein, gibt nun alle Busserln auf einmal in den Zuckerschnee im Weitling, verrührt diese gut mit einem Kochlöffel und legt sie dann zum Trocknen auf Pergamentpapier. Die Busserln sehen sehr schön marmoriert aus, sind von Anbeginn weich und die Glasur ist in kürzester Zeit trocken.
(Rezept von Hannerl Weber-Sklenar, Mistelbach)

Aprikosenmandelb[usserl]

100 g Butter
80 g Blütenhonig
180 g Mandelblättchen
1 kleine Prise Salz
200 g getrocknete
Aprikosenstückchen
1/8 l Sahne
Abrieb von einer halben
Zitrone

Butter, Honig, Zitronenabrieb und Sahne in einem Topf 4-5 Minuten köcheln lassen. Die Mandelblättchen und die fein gewürfelten Aprikosenstückchen untermengen, 2 Bleche mit Backpapier auslegen und den Backofen a[uf] 190°C vorheizen. Kleine Häufchen auf das Blech setzen, ca. 10 Minuten backen bis sie schön goldgelb sind. Vorsichtig vom Blech nehmen, da es ein sehr feiner Mandelteig ohne Mehl ist. Auf einem Drahtgitter trocknen lassen.
(Rezept von Karl Schottenhammer, Regensburg)

Pumpernickel

34 dag Zucker
4 ganze Eier
4 EL Honig
2 dag Natron
Zimt
gestoßene Nelken
Zitronenschale
60 dag Roggenmehl
(Brotmehl)

Teig am Abend anmachen und über Nacht rasten lassen. 20 dag Würfelzucker in einige Löffel Wasser spinnen und die gebackenen Stücke damit überziehen.
(Rezept von Frau Seimann, Mistelbach)

Bienenvater
FACHBLATT DES ÖSTERREICHISCHEN IMKERBUNDES

erscheint monatlich, 11 mal pro Jahr
Zu beziehen bei ÖIB, Georg Cochplatz 3/11a, 1010 Wien
Tel.: 01/512 54 29; Fax: 01/512 16 71
Abonnementpreise 1997:
Abonnement für Vereinsmitglieder öS 120,–
Abonnement für Einzelbezieher öS 150,–

Tiroler Gebirgshonig

nur wer ihn probiert, kennt den Unterschied!

Weil im Tiroler Gebirgshonig, bedingt durch die geographische Lage Tirols, alle Nektarien enthalten sind, die die Biene in einer Meereshöhe zwischen 500 und 2.000 m von der Natur angeboten bekommt – daher

sehr geschmackvoll.

Weil für den Tiroler Gebiergshonig sehr strenge Qualitätsvorschriften gelten und er laufend durch autorisierte Stellen geprüft wird – daher

beste Qualität.

e erhalten den verläßlich guten Tiroler Gebirgshonig bei der

Tiroler Imkergenossenschaft

nsbruck, Meraner Straße 2, Tel. und Fax 0 512/58 23 83
ıst, Meraner Straße 8, Tel. 0 54 12/66 615
ındl, Frau Mißlinger, Klammstraße 8, Tel. 0 53 38/72 47

VORTEILE für **Alpenländische Bienenzeitung** und **BIENENWELT**-Leser

- Kostenlose Beantwortung Ihrer Fachfragen
- Marketing-Tips, um Verkauf anzukurbeln
- Top-Informationen aus dem EU-Raum
- Praktisch umsetzbare Beiträge von Imkern für Imker
- Problemlösungen für Ihre Imkerei
- Leichter lesbar durch vierfärbige, leserfreundliche Gestaltung
- Praxistest-Berichte über diverse Imkereigerätschaften
- Monatsanweisungen
- Informationen aus den Imker-Organisationen
- u. v. a. m.

Nutzen auch Sie die

Alpenländische Bienenzeitung/BIENENWELT

Österreichs größte unabhängige Fachzeitschrift für den praktischen Imker.

Unsere Info-Telefonnummer: 0 31 6 / 82 16 36